99 Affirmations

Ultra-Puissantes pour

l'Argent

Programmez votre Subconscient
pour Vous Enrichir 24h/24

Frank Costa

Copyright © 2018, Frank Costa. Tous droits réservés.

Table des matières

Introduction à la série 7
    La Méthode 17
    Note sur les affirmations 19
Affirmations 21
En guise de conclusion 33
Merci ! 35

...

La richesse coule à flot dans ma vie à chaque instant

Je gagne de grandes quantités d'argent sans même essayer

Tous mes besoins financiers sont instantanément comblés

...

Introduction à la série

« Les seules limites sont celles que l'on s'impose »

Tout d'abord, je veux vous remercier et vous féliciter pour avoir téléchargé ce livre. Par cet acte en apparence si simple, vous démontrez à l'Univers que vous êtes prêt à agir pour devenir l'acteur et l'artisan de votre réalité, que vous avez décidé de faire ce qu'il fallait pour être plus heureux et plus épanoui.

Mais comment faire pour transformer ce premier pas en outil de changement puissant ? En utilisant un outil tout simple, gratuit, toujours disponible, qui ne demande que quelques instants chaque jour et qui ne nécessite aucun apprentissage : les affirmations.

Grâce à celles-ci, à la puissance du Verbe (qu'il soit prononcé verbalement ou intérieurement) vous reprendrez le contrôle de votre vie, un contrôle total si vous le souhaitez. Et pour cela, nul besoin d'attendre ou de suivre une formation : vous pouvez commencez aujourd'hui, et même maintenant !

On pourrait définir une affirmation comme une déclaration positive d'un fait ou d'un état comme s'il était déjà manifesté, formulée énergiquement et avec confiance. En réalité, vous le faites déjà tout ou long de la journée, souvent inconsciemment. Tout ce que vous pensez, tout ce que vous dites est une affirmation, une déclaration positive ou négative. Dès lors, il faut choisir avec soin ce sur quoi vous voulez vous focaliser, car cela tendra à se manifester ou se maintenir en l'état.

Les affirmations fonctionnent pour absolument tout, que ce soit pour améliorer vos conditions de vie, votre santé, trouver le travail de vos rêves, attirer la richesse... ou pour améliorer votre vie intérieure, progresser, rencontrer l'amour, vivre dans la joie, être respecté, vous défaire d'une habitude néfaste...

Quand vous constaterez les premiers résultats, qui arrivent parfois très vite, vous progresserez encore plus rapidement, car vous *saurez* que cela fonctionne. Débarrassé du doute et de la peur, vous reprendrez confiance en votre pouvoir créateur naturel et cela accélérera la manifestation de vos affirmations.

Les affirmations sont connues depuis les temps les plus reculés et sont utilisées avec succès par tout ce que le monde compte de champions, de grands sportifs, d'hommes d'affaires ayant réussi, de stars du cinéma ou de la chanson, de scientifiques brillants...

Comme eux, vous aussi pouvez apprendre à débloquer votre pouvoir et votre potentiel pour atteindre tous vos objectifs et relever tous les défis de la vie, qui sont là pour vous faire grandir en vous poussant à vous dépasser.

Pour utiliser efficacement les affirmations, vous n'avez qu'une chose à faire : vous en servir au quotidien, le plus souvent possible, avec foi et confiance. Si ces deux derniers éléments sont absents au départ, ou vous quittent par moment, ne vous inquiétez pas et continuez à travailler sur votre réalité à l'aide de vos affirmations. Au bout de quelques temps, des signes commenceront à apparaître qui vous indiqueront que vous êtes sur la voie de la transformation, et cela vous redonnera confiance.

Bien sûr, si vous affirmez une phrase telle que « *L'argent vient à moi facilement chaque jour* » et que votre réalité actuelle ne vous permet même pas de payer vos factures, vous allez en être conscient. Le but des affirmations n'est pas de vous mentir à vous-même ou de vous masquer la réalité des choses.

Le but est tout simplement de transformer la réalité actuelle en utilisant le pouvoir du Verbe. Donc, au bout d'un certain temps, les affirmations commencent à transformer votre paysage intérieur. **Tout commence toujours à l'intérieur, pour se**

manifester à l'extérieur. On peut également dire, en renversant cette proposition que **tout ce que vous voyez se manifester dans votre vie est le reflet de votre paysage intérieur.** C'est la même chose. Le monde est un miroir.

Par conséquent, en affirmant la richesse là où se trouve la pauvreté, la santé là où se manifeste la maladie, la joie là où il y a la tristesse, vous décidez d'effacer une illusion pour la remplacer par une qualité d'essence divine. En persévérant dans cette voie, en maintenant une nouvelle vision, l'Univers n'a pas d'autre choix que de modeler votre réalité sur votre paysage intérieur, car les deux sont indissociables.

Quand votre réalité commence à changer, vous devez continuer à faire votre part et à travailler avec l'Univers. Bien qu'il soit possible que des choses semblent se manifester « comme par magie » dans votre vie et que ce qu'on nomme « la chance » vous accorde ses faveurs, vous aurez en général à concrétiser des opportunités et à saisir les occasions quand celles-ci se présenteront.

Comme vous dégagerez des vibrations positives, vous commencerez à attirer sur votre chemin les personnes et les situations qui vous permettront d'avancer en direction de votre but. Et comme vous saurez pourquoi ces personnes et ces situations se manifestent, que vous saurez que c'est la réponse de l'Univers à votre requête, vous aurez la confiance et la motivation nécessaires pour agir. Vous n'hésiterez pas, que ce soit pour accepter un nouveau poste, prendre des responsabilités ou procéder à des changements radicaux dans votre vie. Vous vous sentirez maître de votre destin et vous libérerez de la peur paralysante et des doutes sclérosants.

Les affirmations contenues dans ce livre sont suffisamment nombreuses et variées pour que vous trouviez celles qui vous correspondent. Elles sont là pour être utilisées, alors servez-vous en !

Explorez-les sans limites. Si certaines d'entre elles entrent en résonance avec vous au départ mais qu'au fil du temps elles vous touchent moins, sentez-vous libre d'en changer. Vous pouvez même écrire les vôtres ! L'important est qu'en les utilisant, vous sentiez qu'elles vous transforment d'une manière positive et qu'elle vous donnent une énergie nouvelle. En travaillant de cette façon, des miracles se produiront dans votre vie.

Comme pour leur choix, ne vous limitez pas quant à leur utilisation. Vous pouvez utiliser les affirmations tout le temps et partout, en toutes circonstances. Elles peuvent aussi bien vous être d'un grand réconfort dans les épreuves et les situations compliquées que quand tout va bien. Ne cessez jamais de les utiliser.

Si vous êtes dans une phase négative, elles ont le pouvoir de transformer rapidement la situation de la meilleure manière possible. Si vous êtes dans un cycle positif, elles contribueront à le maintenir et l'embellir encore.

Au-delà de la résolution de problèmes et de l'atteinte d'objectifs, travailler quotidiennement avec les affirmations vous reconnecte avec l'énergie divine, ou l'énergie universelle si vous préférez ce terme. Peu importe que vous ayez une croyance ou non. Faites exactement ce qu'il faut faire, suivez la méthode que je vais détailler pour vous dans un instant, et vous obtiendrez des résultats qui dépasseront toutes vos espérances.

Vous êtes ici pour être heureux, sains, ne manquant de rien et vous réalisant à travers l'activité qui vous correspond et qui sera utile pour le plus grand nombre. Vous êtes unique et vous avez quelque chose d'unique à offrir au monde. En utilisant les affirmations, vous serez naturellement amené à vous accomplir.

L'utilisation des affirmations est comme un raccourci, une voie express vers la manifestation de ce que vous voulez dans votre vie. Si vous ressassez toujours vos problèmes, que vous vous plaignez de ce qui vous fait souffrir, vous affirmez une réalité et empêchez tout changement de fond.

Peu importe que vous ayez raison ou tort, ou que votre problème soit « réel » et vous paraisse insurmontable. Si vous voulez vraiment vous en débarrasser et renaître à une vie nouvelle, vous n'avez pas de temps à perdre à ruminer des idées et des sentiments négatifs, que ce soit envers vous ou envers d'autres personnes, la société, Dieu, la météo ou que sais-je encore.

Au lieu de cela, dites adieu à votre ancien monde et accueillez **dès aujourd'hui et sans réserve** celui que *vous* aurez choisi. Cela est si simple que vous vous demanderez très bientôt comment vous avez pu abdiquer votre pouvoir créateur pour nourrir les faux maîtres que sont vos propres pensées et sentiments négatifs, pures illusions sur lesquelles vous avez toujours eu prise.

La Méthode

Vous savez maintenant ce que sont les affirmations et ce qu'elles peuvent faire pour vous. Il est temps à présent de vous en servir.

Voici la méthode simple en trois étapes pour obtenir des résultats rapides :

1. **Choisissez** entre trois et sept affirmations parmi celles qui suivent + créez la vôtre.
2. **Répétez** ces affirmations tranquillement le matin au réveil et le soir avant de vous coucher + le plus souvent possible au cours de la journée.
3. **Écrivez**-les sur un cahier dédié chaque jour, au minimum une fois, dans l'idéal entre 10 et 25 fois chacune.

Combien de temps devez-vous pratiquer cela ? Jusqu'à ce que vous ayez atteint les résultats attendus. Cela peut-être très rapide ou un peu plus long. Il s'agit d'implanter une nouvelle vision des choses, de nouvelles croyances et de nouveaux sentiments dans votre subconscient. Dès l'instant où cela est fait, les changements suivent automatiquement.

Un minimum de 21 jours est recommandé dans tous les cas. Une « cure » d'affirmations sur un sujet donné de 90 jours transformera votre vie dans le sens que vous souhaitez et même au-delà.

Une fois votre but atteint dans un domaine, vous pouvez vous consacrer à un autre domaine et ainsi de suite. Vous êtes redevenus maître de votre vie. Repoussez les limites. Amusez-vous à créer votre réalité avec des objectifs de plus en plus grand.

Et rappelez-vous que les seules limites que nous rencontrons sont celles que nous nous imposons.

Note sur les affirmations

Bien que la plupart des affirmations qui suivent soient formulées au présent et de manière positive, certaines échappent à cette règle. En effet, comme toute règle, celle-ci n'est pas absolue et chez certaines personnes, le fait de désigner un mal ou d'indiquer ce que l'on souhaite pour le futur peut générer un puissant sentiment de bien-être et de sécurité, sentiments contribuant à accélérer la manifestation. Si tel est votre cas, n'hésitez pas à inclure une ou deux affirmations de ce type dans votre sélection.

D'autre part, certaines affirmations sont très proches l'une de l'autre et peuvent *sembler* quelque peu répétitives. Toutefois, tout comme en musique, les nuances sont importantes et chaque terme a une vibration qui lui est propre, chaque tournure de phrases fera résonner différemment en vous les mots qu'elle contient.

Essayez de trouver les affirmations qui suscitent chez vous le plus d'émotions positives. Ce sont celles avec lesquelles vous obtiendrez les meilleurs résultats, dans les délais les plus courts.

Affirmations

Chaque jour, je saisis de nouvelles opportunités de gagner de l'argent

Il est facile pour moi de gagner de l'argent

Il n'y a rien que ma richesse ne puisse me fournir

J'accueille le mode de vie de la richesse à bras ouverts

J'accumule facilement la richesse et la partage

J'ai assez d'argent pour partager avec le monde autour de moi

J'ai besoin de très peu travailler pour commencer à générer de l'argent

J'ai davantage d'argent que je ne pourrais jamais en dépenser

J'ai des idées sans fin pour gagner de l'argent

J'ai du succès et une prospérité illimitée

J'ai la capacité illimitée d'atteindre et de faire de l'argent

J'ai le contrôle total des sommes d'argent que je peux gagner

J'ai le pouvoir de réussir

J'ai le pouvoir en moi-même pour créer la richesse

J'ai plus d'argent que je n'en ai jamais rêvé

J'ai toujours assez d'argent pour vivre la vie que je veux

J'ai toujours tout l'argent que je désire et dont j'ai besoin

J'ai un accès facile aux choses que je désire

J'ai un puits sans fin d'idées incroyables pour faire de l'argent

J'ai une capacité à acquérir des richesses qui ne connaît pas de limites

J'ai une étonnante capacité à attirer la richesse dans ma vie

J'ai une quantité infinie et immédiate d'argent

J'ai une vie remplie de richesse et d'abondance

J'apprécie la liberté que l'argent apporte dans ma vie

J'attire un flux d'argent constant dans ma vie

J'attire l'abondance dans tous les aspects de ma vie

J'augmente ma valeur nette tous les jours

J'enrichis ma vie en augmentant mon revenu

J'utilise ma richesse pour enrichir la vie des personnes autour de moi

J'utilise ma richesse pour rendre le monde meilleur

J'accepte l'abondance et elle vient à moi maintenant

Je choisis de vivre une vie d'abondance et de prospérité

Je commence maintenant à accumuler de grandes quantités d'argent

Je constate souvent que l'argent vient de façon inattendue dans ma vie

Je contrôle complètement mes finances

Je crée de l'argent et de l'abondance avec joie et amour

Je découvre constamment de nouvelles voies pour générer des revenus

Je deviens plus riche chaque jour qui passe

Je fais le choix de vivre une vie prospère et abondante

Je gagne de grandes quantités d'argent sans même essayer

Je gagne de l'argent avec tout ce que je fais

Je gagne de l'argent facilement et sans effort

Je jouis d'une vie débordante de richesses abondantes

Je m'attends au meilleur dans la vie et je le reçois maintenant

Je marche instinctivement sur le chemin de la richesse

Je marche sur le chemin de la richesse et du succès

Je me lance sans crainte dans de nouvelles entreprises

Je mène une vie heureuse et riche

Je mérite d'être riche

Je mérite de vivre une vie riche et pleine des meilleures choses

Je n'ai aucune interruption dans mon flux de revenus

Je n'aurai plus jamais à lutter financièrement

Je ne serai plus jamais à court d'argent

Je ne suis jamais loin de ma prochaine occasion financière

Je ne suis pas limité sur la quantité d'argent que je peux gagner

Je négocie chaque transaction d'affaires à mon grand avantage

Je peux utiliser même les ressources les plus maigres pour générer de l'argent

Je pose des actions qui créent un flux constant de prospérité

Je possède plus que ce dont j'ai besoin

Je profite de multiples flux de revenus

Je reçois la richesse de nombreuses sources dans ma vie

Je reçois toujours les choses que je désire dans la vie

Je rencontre constamment un succès extrême

Je rencontre la prospérité dans toute mes entreprises

Je réussis dans toutes mes entreprises

Je réussis parce que je sais ce que je veux et je le comprends

Je sais quand et comment dépenser et économiser de l'argent

Je suis béni financièrement quoi qu'il arrive

Je suis capable de vivre la vie de mes rêves

Je suis conduit par l'Univers vers toutes les richesses

Je suis en mesure d'avoir tout l'argent que je veux

Je suis en mesure de créer de la richesse avec toutes les ressources qui m'entourent

Je suis en phase avec l'abondante énergie de dons de l'Univers

Je suis entouré par la prospérité et la grandeur

Je suis fier d'être heureux, sain et riche

Je suis fier de la richesse que j'ai gagné

Je suis heureux et reconnaissant d'être riche

Je suis le maître de mon propre bien-être financier

Je suis naturellement aimanté à la richesse et à la prospérité

Je suis naturellement en phase avec l'énergie de la prospérité

Je suis naturellement une personne riche et qui réussit

Je suis ouvert et réceptif à toutes les richesses que l'Univers me propose

Je suis prospère et vit dans l'abondance

Je suis riche et prospère et le serai toute ma vie

Je suis un aimant puissant pour la prospérité

Je suis un homme d'affaires étonnant

Je tire ma richesse de ma propre grandeur

Je trouve des occasions de générer de nouveaux revenus dans des endroits inattendus

Je trouve un revenu inattendu dans chaque endroit où je regarde

Je veux gagner _____€ par mois (Inscrivez le montant de votre choix)

Je vis dans l'abondance et la richesse illimitées

Je vis une vie libre de dettes et de stress financier

Je vis une vie riche et heureuse

Je vois des possibilités de création de richesse partout

Je vois facilement des occasions de gagner de l'argent

L'argent vient à moi sans effort

La richesse coule à flot dans ma vie à chaque instant

La richesse que je désire vient à moi maintenant

Tous mes besoins financiers sont instantanément comblés

+

Inspirez-vous de ce qui précède, et rédigez ici *votre affirmation*.

En guise de conclusion

Les affirmations ci-dessus sont très puissantes mais n'oubliez pas que si vous ne vous en servez pas... il ne se passera rien.

Pour obtenir des résultats, il vous faut pratiquer sur une base quotidienne. La répétition est un facteur-clé. Il vous faut transformer vos vieux schémas de pensées pour les remplacer par de nouveaux que *vous* aurez choisi.

Suivez simplement le plan en trois étapes simples que je vous ai présenté en introduction et regardez ce qui se passe.

Vous êtes au bord d'un changement de vie radical, qui vous conduira vers la richesse, le bonheur, la santé, l'épanouissement personnel dans tous les domaines de votre vie et la réalisation de vos rêves les plus chers.

Ne laissez pas votre mental vous bloquer et *pratiquez* sans cesse, au besoin *malgré* le doute et le découragement car

« L'heure la plus sombre précède toujours l'aube »

Alors des miracles se produiront dans votre vie.
C'est tout le bonheur que je vous souhaite.

Frank

Merci !

Avant de nous quitter, je veux vous remercier et vous féliciter une nouvelle fois pour avoir pris le temps de lire ce livre.

Si vous avez aimé ce que vous y avez découvert ou si vous voulez témoigner des changements positifs survenus en pratiquant la méthode simple exposée ici, pourriez-vous prendre quelques instants pour laisser une évaluation sur le site d'Amazon ?

Chaque commentaire est précieux et permet aux auteurs de toujours s'améliorer, et aux lecteurs de se repérer dans la multitude de livres existant.

Merci à vous !

www.ingramcontent.com/pod-product-compliance
Lightning Source LLC
Chambersburg PA
CBHW072309170526
45158CB00003BA/1248